El Gordo de Navidad

AF177768

Berta Villarino Cirici

El Gordo de Navidad

Ernst Klett Sprachen
Stuttgart

1. Auflage   1 6 5 4 3 2 | 2027 26 25 24 23

Alle Drucke dieser Auflage sind unverändert und können im Unterricht nebeneinander verwendet werden.
Die letzte Zahl bezeichnet das Jahr des Druckes. Das Werk und seine Teile sind urheberrechtlich geschützt. Jede Nutzung in anderen als den gesetzlich zugelassenen Fällen bedarf der vorherigen schriftlichen Einwilligung des Verlags.

Redaktion: Marcelo Rodríguez
Audio (Aufnahme und Herstellung): Lucentum Digital, Alicante
Sprecher: Javier López Alós, Denia
Layoutkonzeption: Andreas Drabarek
Satz: Satzkasten, Stuttgart
Umschlaggestaltung: Andreas Drabarek
Umschlagfoto: Shutterstock (Jose Ignacio Soto), New York
Illustrationen: Sven Palmowski, Barcelona
Druck und Bindung: Plump Druck & Medien GmbH, Rheinbreitbach

Printed in Germany
ISBN 978-3-12-535667-2

Índice

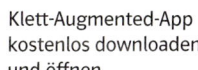

| Klett-Augmented-App kostenlos downloaden und öffnen | **Diese Seite** scannen | Medien laden, direkt nutzen oder speichern |

Prólogo

¿Conoces la Lotería de Navidad? Seguramente ya has oído hablar de ella y sabes que es mucho más que un simple sorteo. ¡Cierto! Es la mayor lotería del mundo, no solo por el dinero que reparte entre los afortunados, sino también por el seguimiento que tiene entre la sociedad española. Las toneladas de ilusión que despierta en los españoles y las españolas ayudan también a las arcas del Estado.

El Sorteo de Navidad es una tradición tan propia de la época prenavideña en España, como pueden serlo los mercadillos de Adviento en Alemania. Para entender cómo funciona este sorteo tan especial te ofrecemos un pequeño diccionario.

Sorteo Especial de la Lotería de Navidad

- **¿Desde cuándo se celebra?** El primer sorteo fue en 1812, ¡antes de la primera Constitución española! El Estado creó este sorteo especial de Navidad para recaudar dinero sin subir los impuestos.
- **¿Cuándo y dónde se celebra?, ¿cuánto dura?** El sorteo es el día 22 de diciembre a las 9:15h en el Teatro Real de Madrid. Dura tres horas y media aproximadamente.
- **¿Qué características tiene el sorteo?** Funciona por un sistema tradicional de dos bombos, en el bombo grande hay 100.000 bolitas con todos los números del sorteo y en el pequeño están las 1.087 bolitas con la cuantía de los premios, entre ellos está "el Gordo".
- **¿Cuánto dinero se mueve?** La emisión total es de 3.400.000.000 de euros. Un 70% es para los premios y un 30% para los gastos de gestión y el Tesoro Público.

---

3 un **sorteo** Verlosung – 5 **afortunado/a** Glückliche/r – 7 un **arca** *f* Tresor – 15 **recaudar** einziehen – 16 un **impuesto** Steuer – 21 un **bombo** Lostrommel – 23 la **cuantía** Höhe, Wert – 27 el **Tesoro Público** Staatskasse

- **¿Cuántos premios se reparten?** Existen 170 series, cada serie tiene 100.000 billetes. El billete está dividido en diez partes (cada parte es un décimo). Los décimos cuestan 20 euros.
- **¿Qué es el Gordo de Navidad?** Es el premio máximo. Con un décimo del Gordo se ganan 400.000 euros. Sin embargo, hay una importante retención de impuestos.
- **¿Quién "canta" los premios?** Los alumnos del colegio de San Ildefonso (originariamente eran niños huérfanos) cantan cada año números y premios. Lo hacen con un canto propio, que forma parte de la historia de la radio y la televisión española.
- **¿Dónde se puede comprar lotería?** De forma presencial en las administraciones de lotería del Estado de toda España. Hoy en día es frecuente la venta por Internet. Un décimo puede repartirse también en partes más pequeñas, llamadas "participaciones". En bares, comercios, clubs, etc. se venden y regalan participaciones entre los clientes.

Ahora ya no se te escapará ni un solo detalle de "El Gordo". Te damos la bienvenida y te invitamos, junto a don Antonio, Carlos y Matilde, a entrar en el mundo de la magia, la ilusión y los sueños. Esta vez en español.

Autora y redacción

6 la **retención** Abzug – 8 un/a **huérfano/a** Waisenkind

DON ANTONIO MENÉNDEZ

– Su desayuno está listo, don Antonio. Café con leche calentito, una magdalena y una mandarina para las vitaminas. Todo muy rico.

– ¿Muy rico? Quizá sí, pero no tengo hambre… ¿dónde está el periódico?

– Lo tiene usted encima de la mesa, justo al lado de la mandarina.

– Aquí está, vamos a ver. Mira Matilde, ayúdame a encontrar las palabras con la letra "a" en el titular y escribimos en un papel en qué posición se encuentran.

– Don Antonio, ¡tengo tanto que hacer!: poner la lavadora, planchar, arreglar las habitaciones, y además estoy preparando el cocido para el almuerzo. ¿Buscar palabras con la letra "a" ahora? Imposible. La señora se va a enfadar si no termino mis tareas. Además, su café se está enfriando.

– Matilde, olvida ya a mi hija, ella es una máquina pero nosotros no. Por favor, vamos a tomar un café tú y yo juntos y buscamos las palabras con "a" en el primer titular del periódico. Pronto voy a dejar este mundo y entonces puedes hacer todo el día las tareas del hogar.

– ¡Qué tontería, don Antonio! Vale… ya me siento con usted, aquí hay un boli y un bloc. Vamos a ver: "amable" es la tercera palabra; "alto" la cuarta; …

La muchacha no ha terminado de leer, pero don Antonio ya ha escrito el número completo en el bloc: 34610. Hace muchos años que conoce el número mágico y sabe que un día va a ganar el premio Gordo de la Lotería de Navidad, justo con ese número. No tiene dudas. Él olvida todas sus cosas, no sabe dónde tiene las gafas

3 una magdalena Biskuitmuffin – 9 un titular Schlagzeile – 12 planchar bügeln – 12 arreglar herrichten – 13 un cocido Eintopf – 15 enfriarse kalt werden – 19 las tareas del hogar/las tareas od. los quehaceres domésticos/os Hausarbeit – 21 una tontería Dummheit, Blödsinn – 28 una duda Zweifel

y a veces no encuentra su habitación, pero ese número está fijo en su cerebro y no lo olvida jamás. Es el número de la suerte, y lo encuentra cada día en crucigramas, periódicos, códigos de barras de sus medicamentos y paquetes de galletas. El número es mágico y está en todas partes.

– Aquí lo tiene, don Antonio: tercera, cuarta, sexta, décima… Escriba: 3, 4, 6, 10.

– Ya ves Matilde, de nuevo mi número de la suerte está presente en mi camino. ¡Es fantástico! Este año seguro que me toca el Gordo. Ya falta poco para el día 22 de diciembre y vamos a ir como cada año al Teatro Real a ver el sorteo en directo. Mi hija ya nos ha reservado las dos plazas como cada año: una para ti y otra para mí.

---

2 el cerebro Gehirn – 3 un crucigrama Kreuzworträtsel – 9 tocar (*p ej* un premio, la lotería) gewinnen

CARLOS, EL TELEOPERADOR

Otra vez suena el despertador y otra vez lo apaga. Es un pitido corto y molesto, la pantalla del móvil ilumina la habitación. Con el sonido, la oscuridad, el silencio y la tranquilidad de la noche se van. Son las 6:30 de la mañana y es su segunda semana de trabajo como teleoperador de ventas inmobiliarias.

– ¡Qué cansado estoy! Quiero dormir más–. Pero Carlos sabe que tiene que levantarse para llegar puntual a trabajar. No lo hace.

Piensa en cómo va a ser su día: aburrido, largo, monótono y sin sentido. Seis horas al teléfono llamando a gente desconocida que no quiere hablar con él. Él es un chico muy simpático, va a saludar amablemente, algunos van a colgar el teléfono de inmediato, otros van a esperar unos minutos y muy pocos van a escuchar su saludo hasta el final. Para estos pocos, va a hablar con entusiasmo y va a explicarles que en Mallorca hay unos chalets maravillosos y que invertir en inmobiliaria es un gran negocio. Cuando él explica, la gente reacciona de muchas maneras, algunos dejan el teléfono sobre la cama o la mesa y salen de la habitación, y cuándo él acaba su explicación y pregunta "¿No le parece una idea estupenda?", nadie responde. Otros quizá esperan a que él deje de hablar y entonces cuelgan sin decirle una palabra. También hay personas que cuelgan mientras él habla. Otros, sin embargo, le piden que lo explique de nuevo, porque no lo han entendido bien, él así lo hace y cuando termina la repetición, normalmente, ya no hay nadie al otro lado de la línea. Así, una y otra vez, igual que un robot. Tras seis horas al teléfono, cierra una, dos o tres citas a domicilio con un comercial. ¿Para qué repetir algo tantas veces? Para ganar un poco de dinero y pagar así el alquiler de su piso en Madrid.

---

2 un despertador Wecker – 2 apagar ausmachen, ausschalten – 2 un pitido Pfeifen – 12 colgar auflegen (Telefon) – 19 estupendo großartig, fantastisch – 26 una cita Verabredung, Termin

Su cama es cómoda, su habitación es pequeña pero acogedora. Su cuerpo, su mente quieren dormir y Carlos cierra los ojos. El despertador del móvil suena de nuevo y él lo apaga, esta vez definitivamente. El silencio, la oscuridad y la tranquilidad vuelven a la habitación. Cierra los ojos de nuevo y viaja hasta su pueblo con la mente, ve los campos dorados del otoño y la sonrisa de su hijo de seis años ilumina sus sueños. Cuando despierta, la luz del sol llena la habitación y son las once y media en el reloj.

EL COCIDO, A FUEGO LENTO

Un olor a quemado llega hasta el comedor, la muchacha recuerda que el cocido está en el fuego, se levanta rápidamente y va hacia la cocina. Desaparece. La señora le ha dicho mil veces, "el cocido, siempre a fuego lento, hay cosas que necesitan tiempo y paciencia". Ella no lo hace siempre así. Esa mañana tampoco. Para pasar tiempo con don Antonio y terminar rápido con la comida, ha puesto el fuego fuerte. Las tareas de la casa son monótonas e interminables, ella prefiere estar junto a don Antonio. Escuchar sus historias, soñar junto a él, compartir sus locuras es lo único que pone sal a su vida.

Don Antonio está solo ahora con su número y su café frío. Él ya no puede oler, tampoco oye bien y cuando habla su voz es lenta y tiembla. Entenderlo es fatigoso y conversar con él requiere tiempo, atención y paciencia, igual que la preparación de un buen cocido. Solo Matilde conversa con él a gusto. El cocido se quema, pero la conversación con don Antonio siempre deja en ellos buen sabor.

La hija y el yerno de don Antonio trabajan muchas horas, cuando regresan a casa en el barrio del Viso por la noche, el

---

1 acogedor gemütlich, kuschelig – 6 dorado golden – 6 una sonrisa Lächeln – 10 quemado angebrannt, verbrannt – 12 desaparecer verschwinden – 18 una locura Wahnsinn – 22 temblar (e-ie) zittern – 22 fatigoso ermüdend, anstrengend

anciano les habla de su número mágico, pero ellos están cansados y no lo escuchan. Todos tienen mucho que hacer. Se sientan juntos a la mesa pero durante la cena cada uno tiene un móvil o una tableta ante sus ojos. Casi no hablan, están ocupados. Las citas médicas, los pedidos al supermercado, la compra de ropa y zapatos, la compra de la farmacia, la organización de las reuniones familiares, etc. Todo se hace en línea y en esa casa nunca falta nada. Las agendas Google se coordinan perfectamente y no existe el error. Cada cosa se hace en el momento correcto y dura su tiempo exacto. Todo funciona bien, todo menos el tiempo para conversar y el cocido de la cena que tiene sabor a prisas. En la casa se habla de cuestiones organizativas unos minutos al día y se asegura la perfecta coordinación. La hija de don Antonio siempre pregunta a Matilde si ha dado la medicación a su padre, si ha dado un paseo por la Castellana, si han acudido al especialista, etc. Nadie pregunta a don Antonio cómo está realmente. Y nadie le pregunta por su número, por su gran ilusión de ganar el Gordo.

– Disculpe don Antonio, ya estoy de nuevo aquí con usted. ¿No ha comido nada? ¡Don Antonio!… La señora me va a regañar.

– Matilde, el teléfono del salón ha sonado varias veces y me he levantado para responder y he estado hablado un rato.

– Sí, yo también he oído el teléfono, pero lo he ignorado porque el cocido era más importante. Ya nadie llama al teléfono fijo, si es importante van a llamar al móvil. ¿Con quién ha hablado usted?

– Con un chico muy simpático, pero ahora no recuerdo su nombre… ¿Puede ser un primo de mi hija, o quizá un sobrino? No lo sé exactamente, pero tenía muchas ganas de conversar conmigo. Solo recuerdo que ha llamado desde Mallorca. ¿Tenemos familia en Mallorca?

– ¿En Mallorca? La señora nunca me habló de la familia de allí.

---

5 un **pedido** Bestellung – 7 **faltar** fehlen – 9 **durar** dauern – 11 la **prisa** Eile – 15 **acudir** s. wenden – 19 **regañar** schimpfen – 20 **sonar** (o-ue) klinge(l)n – 23 un **teléfono fijo** Festnetztelefon

DESAYUNO A MEDIODÍA

– Carlos, ¿quieres el bocadillo de jamón o de queso?, pregunta María, la dueña del bar en el que desayuna el teleoperador.

– De queso, por favor, y voy a tomar un zumo de naranja con el bocadillo.

– Muy bien, Carlos, ahora lo preparo. ¿Ya no trabajas por las mañanas? Me gusta verte desayunar de nuevo en mi bar, pero es casi mediodía… ¿Y tu trabajo nuevo?, ¿qué ha pasado?

– Ser teleoperador no me gusta y vender por teléfono no es fácil. Voy a buscar otra cosa. Si sabes de algo, aquí en el bar, siempre hablas con gente…

– Sí, claro. Paso tus datos y te escribo un WhatsApp si sé de algo, pero las cosas están mal.

– María, necesito encontrar un empleo mejor. Quiero tener algo estable, como tú. No voy a hacer más de teleoperador.

María es una señora encantadora de unos 50 años, tiene un hijo en edad escolar y sabe que vivir en Madrid es complicado, caro y difícil. Lo mira con cariño, casi como una madre. Carlos se ríe. Los dos saben que Carlos no es capaz de trabajar muchas horas tras la barra de un bar y que nunca ha mantenido un empleo más de unas semanas. Carlos es joven y quiere vivir la vida intensamente: salir, divertirse, jugar al fútbol con sus amigos y sobre todo tocar la guitarra. Sin embargo, las Navidades están cerca y volver al pueblo sin dinero y sin trabajo es triste. Carlos está serio esa mañana. María lo nota. ¿Dónde está ese chico alegre que siempre llena el bar de risas con sus chistes y su buen humor?

– ¡Qué mal rollo! En unas semanas viajo al pueblo para pasar la Navidad allí, con mi familia, y ya ves, ¿qué voy a contarles? No

---

3 un/a **dueño/a** Besitzer/in – 14 un **empleo** Arbeit, Stelle – 15 **estable** fest, dauerhaft –
16 **encantador** reizend, bezaubernd – 18 el **cariño** Zuneigung, Liebe – 19 **capaz** fähig – 20 una
barra Tresen – 22 **divertirse** s. amüsieren, Spaß haben – 25 **notar** (be)merken – 26 un **chiste**
Witz, Scherz – 27 un **rollo** *Esp coloq* etw. Lästiges, Langweiliges

tengo trabajo ni dinero y no va a ser fácil comprar un regalo a mi hijo, dar dinero a su madre y llevar turrones a todos.

– ¡Qué dices, Carlos!, ¿tienes un hijo? ¡Qué sorpresa! Tú que eres tan joven y tan despreocupado. Un hijo es una responsabilidad muy grande.

– Sí, mi hijo Carlitos es lo mejor que tengo. Es un niño alegre, como yo, tiene seis años y vive en el pueblo con su madre.

Carlos le muestra una foto de Carlitos en su móvil a María y la señora deja por un momento las tazas y los vasos y se acerca a Carlos. Mira la foto y ve la cara de un chiquillo lleno de vida con unos ojos alegres iguales a los de su padre. María sonríe y siente pena y ternura al mismo tiempo, por Carlos y por Carlitos.

– No lo veo mucho, pero lo quiero muchísimo –explica el joven, algo triste–. La historia de amor con su madre fue corta y no funcionó, como con todas mis novias. Pero ella es la mejor madre del mundo y Carlitos es lo mejor que me ha pasado en la vida.

– Oye Carlos, estos días antes de Navidad las tiendas necesitan gente. ¿Sabes envolver paquetes para regalo? Pregunta en El Corte Inglés a ver si hay suerte.

Buena idea, gracias María. Termino mi bocadillo y voy para allí con el currículum en la mano.

Carlos muerde con fuerza el bocadillo y deja que su optimismo natural entre dentro de él al igual que el pan y el queso. Busca en el móvil el documento de su CV, lo encuentra rápido. Sus ojos alegres brillan de nuevo, la vida sigue y él se pone manos a la obra.

– Buena suerte, Carlos –dice María mientras recoge las tazas y los platos. Lo sabe, el chico es simpático y encontrará trabajo en

---

2 un turrón *harte oder weiche Nuss-, Mandel- oder Nugathonigtafeln als Weihnachts-spezialität* – 4 despreocupado unbekümmert – 4 la responsabilidad Verantwortung – 9 acercarse s. nähern – 18 envolver (o-ue) einpacken – 22 morder (o-ue) beißen – 25 brillan leuchten, glänzen – 25 ponerse manos a la obra *loc* s. an die Arbeit machen – 26 recoger abräumen

algún lugar. Un trabajo cualquiera, corto, inestable y mal pagado, que pronto abandonará.

DICIEMBRE

Es 20 de diciembre por la tarde y la hija de don Antonio ha llegado a casa más temprano de lo normal. Las cenas de negocios prenavideñas han terminado y la mayoría del personal de su bufet de abogados está ya de vacaciones. La preparación de las fiestas familiares es lo más importante. Lo tiene todo bajo control, en su planificación de las tareas reservó en línea puntualmente el décimo de lotería para su padre. Un décimo con el número mágico que don Antonio irá a buscar a la famosa administración de lotería "Doña Manolita" justo al día siguiente: El 21 de diciembre. Como cada año, la tarde del 21, justo un día antes del sorteo, a las 18h tomará un taxi con Matilde, y a pesar del atasco en La Gran Vía, llegará a la administración de lotería puntual. Matilde se colocará en la cola, que la víspera del sorteo siempre es muy larga, y él tomará un chocolate caliente en una cafetería cerca de la administración. A las 19h irá junto a Matilde y comprará el décimo reservado. El décimo con su número mágico.

Hasta hoy don Antonio no ha ganado un solo euro en la lotería de Navidad con ese número. Para su hija, la reserva del décimo es simplemente una tarea como cualquier otra: adornar el árbol, poner el belén o encargar el besugo de la cena de Nochebuena. Don Antonio no es jugador habitual y compra solo un décimo con su número, el 34610, por Navidad. Él sabe perfectamente que pronto va a ganar el Gordo. Nadie le cree, pero él lo sabe. A pesar

---

1 **cualquiera** irgendein/e – 2 **abandonar** verlassen – 5 una **cena de negocios** Geschäfts-
abendessen – 6 un **bufet de abogados** Anwaltskanzlei – 9 un **décimo** (Zehntel)los – 13 un
sorteo Aus-, Verlosung – 14 **a pesar de** trotz – 14 un **atasco** Stau – 16 la **víspera** Vortag –
22 **adornar** schmücken – 23 un **belén** Krippe – 23 **encargar** bestellen – 23 un **besugo** Brasse

de todo, compra un solo décimo de € 20, no compra dos ni tres, es parte de su pacto con la suerte. Le queda poco tiempo de vida, el cáncer de pulmón no hace excepciones y cuando se tienen 86 años uno tampoco las quiere. Su número es mágico y él no se irá de este mundo sin el premio Gordo. Un premio de € 397.500 al décimo, y aunque Hacienda, que gana siempre, tomará silenciosamente su 20 %, el premio para él será de más de € 320.000 y… de pocos meses de vida para disfrutarlo. Matilde conoce su secreto a la perfección y piensa que el anciano es una persona fascinante. ¡Don Antonio pacta con la suerte a los 86 años! Cada 22 de diciembre, cuando termina el sorteo y salen del Teatro Real sin premio, Matilde sonríe y agarra con cariño la mano de don Antonio. La muchacha sabe que lo va a cuidar un año más y que va a dejar quemar muchos cocidos. Antes de subir al taxi que les llevará de vuelta a casa le da un beso en la frente.

– Don Antonio, es maravilloso, NO nos ha tocado el Gordo. Los dos sabemos que vamos a volver el año próximo.

EL DÍA ANTES

El 21 de diciembre don Antonio es el hombre más feliz del mundo. A las 16.30h se levanta de su siesta, media hora antes de su hora habitual. Por su ventana entra la luz débil de un atardecer de diciembre en Madrid. Hace frío en la calle, pero en el interior de su habitación el calor es intenso, la calefacción está en plena actividad y los pensamientos del anciano también.

Matilde entra en la habitación con un cesto de ropa planchada con intención de colocarla en el armario, sorpendida escucha la

---

3 un cáncer de pulmón Lungenkrebs – 6 aunque obwohl – 6 (El Ministerio de) Hacienda Finanzamt – 8 disfrutar genießen – 9 un/a anciano/a Greis/in – 12 agarrar festhalten – 13 cuidar aufpassen, pflegen – 15 la frente Stirn – 16 maravilloso wunderbar – 23 una calefacción Heizung – 25 un cesto Korb – 26 colocar stellen, setzen, legen

música del villancico que suena por la radio y ve turrón y una copa sobre la mesita de noche. –Pero… ¿qué fiesta es esta? – pregunta en voz alta, mientras observa sorprendida a don Antonio sentado en la cama cantando, tomando una copita de anís y escribiendo una postal de Navidad.

– ¿Para quién es la postal, don Antonio? Solo faltan dos días para Navidad y correos es muy lento…

– Es para el primo, o el sobrino, bueno no sé exactamente, para ese muchacho tan simpático que llamó el otro día. Creo que ese chico me trae suerte. ¿Sabes tú su dirección en Mallorca? Quiero mandar la postal esta tarde. Recuerda que a las 18h cogemos un taxi y nos vamos a Doña Manolita.

– ¡Cómo voy a olvidar que hoy compramos el décimo!

Matilde deja el cesto sobre la cama, se acerca a don Antonio y le da un beso en la frente. Lo ve feliz, sus ojos brillan y su voz cansada hoy canta con claridad el villancico que suena por la radio.

– ¡Pero bueno, don Antonio! Veo que tiene una botella de anís escondida debajo de su cama. La muchacha se ríe y sirve un chorrito en la copa y lo bebe.

– A su salud, don Antonio. Brindo por la suerte y por su número.

El sabor dulce del anís invade la boca de Matilde. A ella no le gusta beber alcohol, pero el anís es diferente, tan dulce como el turrón y como la vida en ese momento. Esa tarde, la muchacha ve a don Antonio muy feliz y quiere estar con él.

Matilde come también un trocito de turrón para celebrar que la vida ofrece su cara más amable. Restos de chocolate caen sobre la ropa limpia y la ensucian. ¡Qué más da! ¡Así son los momentos importantes! Don Antonio disfruta de su compañía, se levanta y busca ropa elegante en el armario para ir al centro de Madrid. Elige una camisa azul a cuadros y unos pantalones marrones. Matilde

---

1 un **villancico** Weihnachtslied – 2 **en voz alta** laut – 18 **esconder** verstecken – 19 un **chorro** Schuss – 20 **brindar** anstoßen – 21 **invadir** füllen – 25 un **trozo** Stück – 27 **ensuciar** beschmutzen – 27 **¡Qué más da!** *loc* was macht das schon, und wennschon

ayuda al anciano a vestirse. Don Antonio se mueve con dificultad y cuando por fin está vestido sudan los dos. Matilde abre la ventana y el viento frío, limpio y seco de la Sierra de Guadarrama, tan próxima al norte de Madrid, entra en el ambiente. La postal cae al suelo y la olvidan debajo de la cama. Matilde no la ve y don Antonio tampoco. Encima de la cama junto al cesto de la ropa hay restos de turrón y el pijama de don Antonio; en la mesita de noche están la botella de anís, la copa y el paquete de turrón. La señora puede entrar en cualquier momento y ver el caos. Pero Matilde decide correr el riesgo y no estropear ese momento dulce con trabajo monótono. Cierra la ventana, esconde el anís debajo de la cama, echa los restos de turrón al suelo, y olvida el resto.

Falta poco para las 18h y van a salir a esperar al taxista.

EN LA COLA

– ¿Eres la última? Pregunta Carlos a Matilde, que se ha colocado en la cola tras dejar a don Antonio en la cafetería que hay junto a Doña Manolita tomando su chocolate.

– Sí, sí, yo soy la última. Ya ve usted qué cola más larga. ¡Con este frío!

– No importa, el frío nos mantiene despiertos –dice Carlos a la muchacha con el espíritu optimista que le caracteriza.

La muchacha se tapa la cara con el abrigo y se frota las manos muerta de frío.

– Mira, toma mi bufanda –le ofrece Carlos a Matilde–. Yo soy de un pueblo de Castilla y nunca tengo frío. ¿Tú de dónde eres? – pregunta Carlos a la muchacha de manos frías, piel morena y ojos rasgados, mientras le presta su bufanda.

– Soy de Caracas, Venezuela, allí nunca hace frío. –dice Matilde mientras se pone la bufanda. Ya llevo dos años acá en Madrid y aunque no he regresado ni una sola vez a mi país, sigo extrañando su calor.

– Creo que si te toca el Gordo vas a regresar, ¿no?

– No, no, yo no juego a la lotería, el número que voy a comprar es para don Antonio, el señor para quien trabajo. ¿Sabes? Yo no quiero que nos toque el Gordo. No, no, ¡que no nos toque! Yo quiero mucho a don Antonio, es la única persona de Madrid que me entiende y… además necesito el trabajo de cuidadora.

– ¿¿¿Cómo??? ¡¿Qué dices!? Eso sí es absurdo. Pues mira, tengo una idea, si le toca el Gordo a tu don Antonio, me llamas y le vendo un chalet en Mallorca. En la isla no hace tanto frío como en Madrid y se vive muy bien. Aquí tienes mi tarjeta con mi número de móvil. Ya no trabajo para esta inmobiliaria, pero van a estar contentos si vendo un chalet. ¡Qué absurdo! No trabajo, no cobro y aún estoy vendiendo chalets.

– ¿Sabes lo que de verdad es absurdo? Vivir solo para trabajar y no ganar plata suficiente para viajar y visitar a la familia. Eso sí es absurdo. O ser de un país lleno de riquezas naturales y lleno de gente pobre. ¿No es eso absurdo?

---

1 tapar ab-, bedecken – 1 frotar reiben – 3 una bufanda Schal – 5 los ojos rasgados Schlitzaugen – 8 mientras während – 9 sigo extrañando ich vermisse immer noch – 16 cuidador/a (Alten)pfleger/in – 20 la tarjeta (de visita) (Visiten)karte – 22 cobrar (Geld) einnehmen, verdienen – 26 la riqueza Reichtum

– Pues, en eso sí tienes razón… Yo tengo un hijo y no lo veo nunca, eso también es absurdo –añade Carlos y se siente triste, algo inusual en un optimista como él.

– Además, yo ya sé que el Gordo le va a tocar a mi número, bueno al número de don Antonio. El 34610, no sé si este año, o el próximo, pero pronto nos va a tocar.

– Pero… ¡qué cosas tan extrañas dices! ¿Tú eres bruja o vives en otro mundo? Oye… ¿cómo te llamas?, ¿no serás de alguna secta rara? –pregunta Carlos extrañado y Matilde lo mira y se ríe.

– Me llamo Matilde, y tú… –Matilde mira la tarjeta de visita con el teléfono y lee el nombre en voz alta– Carlos, ¡Carlos!, qué nombre más bonito, como mi padre. Oye, Carlos, ¿me haces un favor? Guárdame el turno, voy a buscar a don Antonio. Ya falta poco para llegar a la ventanilla y a él le gusta comprar y pagar su número solito.

CONFUSIÓN

Matilde va a la cafetería, recoge a don Antonio y juntos caminan hacia la cola de Doña Manolita. La muchacha y don Antonio van despacio, el anciano camina inseguro con su bastón. Carlos los saluda y los ayuda a colocarse en la cola. Mira a don Antonio y ve a un anciano loco pero muy feliz gracias a su sueño. Carlos, sin embargo, no cree en los sueños ni en la magia. La vida es corta y lo único importante es divertirse y pasarlo bien. Si compra un décimo es porque sabe que a la madre de su hijo le gusta la lotería y porque no ha tenido tiempo, dinero ni ganas de comprar un juguete para el niño, que es casi un desconocido. De pronto siente

---

7 una bruja Hexe – 13 guardar freihalten – 13 un turno Reihe(nfolge) – 17 recoger (ab)holen – 19 un bastón Gehstock – 21 loco verrückt – 26 un juguete Spielzeug

una sensación extraña ante el anciano, ¿compasión?, ¿cariño? No sabe por qué, pero en ese momento recuerda a su propio hijo jugando en la plaza del pueblo y el número que le ha dicho Matilde: El 34610 aparece en su mente. Su hijo Carlitos lo escribe en la arena del parque con un palo.

Ya están todos en la cola y Carlos percibe que ese anciano es especial. No lo ha visto en su vida pero no es un extraño, es una persona entrañable y familiar. ¡Qué raro es todo!

El reloj de la Puerta del Sol da las siete de la tarde y llegan a las ventanillas de venta. Todas las ventanillas están abiertas y don Antonio y Carlos son atendidos al mismo tiempo. Ambos piden los décimos de forma paralela, cada uno en su ventanilla. El décimo de Carlos tiene un número cualquiera, Carlos ni lo mira y lo paga con un billete de € 20. En su cartera hay ahora dos billetes: uno de € 20 y uno de € 50, ese es todo el dinero que tiene hasta que cobre el paro a fin de mes. Suerte que tiene una tarjeta Visa.

El décimo de don Antonio tiene su número especial. Don Antonio sí lo mira y lo lee con atención, despacio y en voz alta. Carlos escucha la voz del anciano e imagina de nuevo a su hijo escribiendo el número en la arena del parque: el 34610. Carlos está inmóvil, allí, ante la ventanilla, incómodo y con la mente en otro lugar, en el parque de su pueblo. Olvida su propio décimo sobre el mostrador y se gira hacia el anciano. ¿Quién es ese hombre realmente? ¿Qué misterio hay en él? La vendedora lo mira impaciente, pero Carlos no se mueve y observa cómo don Antonio ha dejado su bastón y tiene la cartera abierta entre sus manos. El anciano intenta pagar el décimo. Tiene dificultades, pues sus dedos tiemblan y no pueden coger el billete. Ahora las dos vendedoras se impacientan y protestan. Hay mucha gente en la cola. Matilde está

---

1 la compasión Mitleid – 1 el cariño Zärtlichkeit, Zuneigung – 5 un palo Stock – 6 percibir wahrnehmen – 8 entrañable innig, herzlich – 11 son atendidos werden bedient – 16 el paro *Esp* Arbeitslosengeld – 19 la voz Stimme – 23 un mostrador Schalter – 27 intentar versuchen – 28 impacientarse ungeduldig werden

justo detrás de don Antonio y mira nerviosa la escena, sabe que el anciano no quiere su ayuda. Carlos nota también que la situación es tensa pero no hace nada. Tocar la cartera de un desconocido no es usual y sus ganas de ayudar pueden malinterpretarse. El dinero siempre es un tema delicado. El ambiente es de nervios, el anciano suda, sus manos tiemblan aún más y de pronto sus ojos se cierran y pierde el equilibrio. Automáticamente el bastón, la cartera y el décimo caen al suelo. La cara de don Antonio está ahora completamente blanca y sus ojos están cerrados. Matilde y Carlos agarran a don Antonio y el anciano abre los ojos de nuevo. Hay confusión y gritos en la cola. Alguien llama a una ambulancia.

Carlos se dispone a sacar al anciano a la calle. El aire de la tarde lo animará y lo hará reaccionar. Antes de salir, Carlos paga el décimo del anciano con su propio billete de € 20. Ahora ya solo hay un billete de € 50 en la cartera del muchacho. Don Antonio está consciente pero apenas puede caminar. Matilde se agacha para recoger las cosas del suelo y el anciano queda en brazos de Carlos. En la confusión del momento un desconocido empuja a Matilde, coge la cartera y el décimo del suelo y sale corriendo de la administración. La gente de la cola quiere detener al ladrón, pero no puede. Don Antonio lo ve todo y dice como puede:

– ¡Llévate la cartera pero no mi décimo! Su voz es débil y solo la oye Carlos.

Carlos ve huir al ladrón y nota cómo algo le quema por dentro, deja a don Antonio en manos de una señora de la cola y sale corriendo tras el ladrón. Don Antonio cae al suelo.

– ¡Al ladrón, al ladrón! –grita el muchacho por la Calle del Carmen mientras corre y corre.

---

2 la ayuda Hilfe – 3 tenso angespannt – 3 tocar anfassen – 7 perder (e-ie) verlieren –
7 el equilibrio Gleichgewicht – 11 un grito Schrei – 12 disponerse a + INF s. anschicken zu –
16 estar consciente bei Bewusstsein sein – 16 agacharse s. bücken – 18 empujar schubsen –
20 un ladrón Dieb – 22 débil schwach – 24 huir fliehen, flüchten – 26 tras hinter(her)

A lo lejos, un peatón agarra el brazo del ladrón para detenerlo, el ladrón empuja al peatón y este cae al suelo. El décimo con el número mágico también cae al suelo, la cartera no. El ladrón no se para y huye con la cartera en la mano. Cuando Carlos llega al lugar del empujón casi no puede respirar. Ayuda al peatón a levantarse, ve el décimo en el suelo y lo recoge. Se siente algo estúpido. –¡Esto es absurdo! –grita con fuerza. –El ladrón se ha ido con la cartera del viejo loco, un viejo que no conozco de nada. ¿Por qué me siento mal por ello?, ¿soy tonto?, ¿qué me pasa? Mañana viajo al pueblo y mi familia me espera, no he comprado turrón, no tengo regalos para nadie y acabo de gastar mis dos billetes de € 20. Todo lo que tengo es este décimo con el número: 34610 –reflexiona Carlos abatido. Entonces abre su cartera, guarda el décimo junto al billete de € 50 y se dice a sí mismo:

– ¡Qué más da un número que otro! Todos están en el bombo y además yo he pagado los dos décimos. La suerte no conoce normas, y yo no soy supersticioso. Voy a olvidar a ese viejo loco en este mismo momento. Este décimo con el número 34610 pertenece ahora a mi hijo y el viejo loco tiene ahora el otro décimo. Al fin y al cabo quien sale ganando es el Estado.

Carlos recuerda que aún tiene muchas cosas que hacer: comprar el billete de autobús para su pueblo, los turrones para su familia, quizá un juguete para el niño, y tiene que preparar sus cosas. Además, por la noche va a salir con sus amigos y van a tomar la última cerveza en la libertad de la gran ciudad. Divertirse y olvidar al viejo es todo lo que quiere hacer.

Camino del metro de Callao, Carlos oye la sirena de una ambulancia. Mira a lo lejos y observa la calle del Carmen, llena de ruido, regalos y personas como él, como Matilde, como el anciano,

---

1 un peatón Fußgänger, Passant – 3 pararse anhalten – 5 respirar atmen – 13 abatido mutlos – 15 un bombo Lostrommel – 16 además außerdem – 17 supersticioso abergläubisch – 19 al fin y al cabo letzten Endes, im Endeffekt

cada uno con sus problemas reales y sus ilusiones absurdas. Todos se mueven bajo la decoración de Navidad, deslumbrados por unas luces que brillan mucho, pero no iluminan el camino a seguir. Unas luces que impiden ver el esplendor de las estrellas de verdad.

Carlos decide comprar el turrón en su barrio, allí todo es más barato que en el centro.

---

2 **deslumbrado** geblendet – 4 **impedir** (e-i) (ver)hindern – 4 el **esplendor** Glanz, Pracht

EN EL BARRIO

El ambiente del barrio de Carlos es distinto al del centro de Madrid. Las calles no tienen decoración de Navidad y en las casas no hay abetos naturales. La gente tiene menos dinero y menos compromisos. Se compra menos y se tiene más tiempo. Los bares están llenos, y tomar unas tapas con amigos, soñar con el dinero del premio Gordo de la Lotería, comentar los planes de las vacaciones de Navidad con vecinos es la ocupación normal de esa tarde prenavideña.

Carlos, sin embargo, tiene prisa. Cuando está a punto de llegar a casa se da cuenta de que el pequeño supermercado junto a su bloque de pisos ya está cerrado. No puede comprar el turrón, se resigna y entra de mal humor en el bar de María para cenar algo. El pincho de tortilla en la barra y una cerveza despiertan de nuevo su optimismo natural. En su móvil casi no quedan datos, así que Carlos se conecta a Internet usando la red de wifi del bar para comprar su billete de autobús. Carlos reserva el billete pero no lo paga inmediatamente, hay cosas que es mejor no hacerlas usando un wifi público.

El billete está reservado y él está contento de nuevo, pide otra cerveza a María, saca su décimo de la cartera, lo mira orgulloso y lo coloca sobre la barra, entonces lo fotografía y lo envía a la madre de su hijo por WhatsApp. A continuación se lo muestra a María.

– ¿Qué te parece mi número, María? Es para mi hijo. ¡Lo he comprado en Doña Manolita! Y según un viejo loco de la cola, es mágico.

– Pues, a ver… este número, no sé, tiene algo. ¿Le ha gustado a la madre del niño? –pregunta María, mientras mira el décimo.

---

4 un abeto Tanne – 5 un compromiso Verpflichtung, Verabredung – 10 sin embargo trotzdem, jedoch – 10 estar a punto de + INF kurz davor, etw zu tun – 21 orgulloso stolz – 23 se lo muestra a María er zeigt es María

– No sé si le gusta o no le gusta. Ella nunca responde a mis mensajes. Es normal, está enfadada porque soy un mal padre y tiene razón.

– Quién sabe esta vez, Carlos. ¿Y si mañana viajas al pueblo con un décimo premiado en la cartera como regalo? Entonces, seguro que ella, Carlitos y el pueblo entero van a estar esperándote en la estación de autobuses.

María y Carlos se ríen. De pronto, María se calla y mira seria al muchacho.

–Bromas aparte, ¿sabes, Carlos?, con lotería o sin ella, para Carlitos es un regalo estupendo tener a su padre en Navidad.

El móvil de Carlos se ilumina, en la pantalla se ve la foto de su hijo con su madre y entra un mensaje.

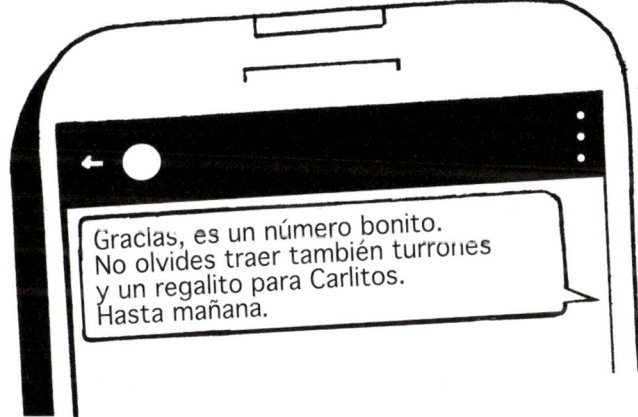

– ¡Qué sorpresa, María! A la madre de Carlitos le ha gustado el décimo. ¡Yupiiii!

---

2 enfadado verärgert – **6 entero** ganz – **8 callarse** schweigen, still sein – **10 bromas aparte** Spaß beiseite

El móvil de Carlos pita de nuevo y un WhatsApp de su grupo de amigos lo devuelve a la realidad.

22 DE DICIEMBRE

Son las seis de la mañana y Carlos llega a casa cansado y solo piensa en dormir unas horas antes de partir para el pueblo. Ha gastado sus últimos euros en un delicioso chocolate con churros al salir de la discoteca. Su estómago y su cartera vacía se lo recuerdan. Ayer reservó en línea el billete de autobús pero aún tiene que pagarlo con la Visa. Primero prepara su mochila, se ducha, se lava los dientes y entonces se sienta en el sofá para completar la compra del billete. En casa no funciona el wifi porque no lo ha pagado, tampoco le quedan datos. Pero no hay problema, se conecta al wifi de su simpática vecina. Hace un par de clicks y todo está listo.

Toma un cojín, se pone cómodo en el sofá a leer sus mensajes y sus ojos se cierran. Se duerme con el móvil entre sus manos. Tras unos minutos, el teléfono suena y vibra.

– ¡Mierda!, olvidé ponerlo en modo avión –se dice a sí mismo–. Deja caer el móvil al suelo y echa el cojín sobre él para no oírlo más. Tras unos segundos el móvil se calla, pero solo por un momento… siempre vuelve a sonar y a sonar. Alguien insiste en hablar con él. Son las 6:45h de la mañana.

Finalmente, Carlos, irritado y enfadado, responde.

– ¿Quién demonios me llama a estas horas? –grita.

– ¡¡¡Por fin!!! Soy Matilde, la venezolana de Doña Manolita. ¿Tienes el décimo de don Antonio? El señor está muy nervioso, no ha dormido en toda la noche. Tienes que devolvernos el número rápido. ¡Esta mañana es el sorteo!

– ¿Qué hora es? En unas horas viajo a mi pueblo, mi autobús sale a la una y ahora quiero dormir. Además, ese décimo es mío. Yo pagué los dos décimos. Ahora solo quiero dormir.

---

7 una **mochila** Rucksack – 12 un **cojín** Kissen – 16 **caer** fallen – 18 **volver** (o-ue) + a + INF etw wieder tun

– ¿Dormir? No hay tiempo para eso, ya son casi las siete, hora de salir para el Teatro Real, la cola es larga y hay que llegar temprano.

– ¡Oh no! Este viejo loco y tú sois una pesadilla… Yo ahora voy a dormir un rato. Estoy cansado y tu viejo ya tiene el décimo que yo olvidé en la administración. Todos los números están en el bombo.

– ¡No!, ¡no! Don Antonio no quiere tu décimo, quiere el suyo. Y además: escucha algo importante. Le conté lo de tu hijo y te recompensará con € 500, que son para el niño.

– ¿Qué dices?, ¿estás loca?

– No, no lo estoy. Esto es muy importante para él. Mira, en una hora te esperamos en la cola del Teatro Real. Allí estaremos, don Antonio y yo, tú nos das el décimo con nuestro número y don Antonio te recompensará con € 500.

– A ver, espera… no tan rápido, estoy medio dormido. Vamos a ver, yo os devuelvo el décimo y vosotros me dais € 500. ¿Es así?

– Exacto. € 500 y naturalmente también el décimo que dejaste en la administración ayer.

– Realmente sois gente muy extraña… el viejo quiere pagarme € 500 por un décimo que vale € 20, ¿de verdad?, ¿por qué? Repito, todos los números están en el bombo.

– No preguntes tanto. Ese número es especial y queda poco tiempo. ¿Quieres los € 500 para tu hijo o no?

– Pues… la verdad es que justo ahora, sí necesito dinero –Carlos no habla unos segundos y piensa en el niño–. De acuerdo –le dice a Matilde.

– ¡Perfecto! Nos vemos delante del Teatro Real en una hora. Sé puntual. Adiós.

Matilde cuelga el teléfono y Carlos nota el cansancio en su cuerpo. Cierra los ojos y se duerme, sueña con Carlitos en el parque del pueblo. El niño escribe el 34610 en la arena. Se despierta de

---

3 una **pesadilla** Albtraum – 4 un **rato** Weile – 8 **recompensar** belohnen – 29 **soñar** (o-ue) träumen

inmediato, sobresaltado, nervioso, incómodo. Son ya las 7:50h. Se viste rápido, toma su mochila, sale de casa y viaja en metro hacia al Teatro Real.

A LAS PUERTAS DEL TEATRO

Hace mucho frío esa mañana y a las 8.30h la cola ante el Teatro Real es ya muy larga. Las ganas de ver el sorteo no cambian el aire helado que sopla en Madrid. A pesar de todo, la gente en la cola sonríe y conversa alegre, pues la ilusión es más fuerte que las incomodidades. Solo don Antonio y Matilde están serios, preocupados y muy nerviosos. No hablan con nadie, solo miran a lo lejos. El anciano está sentado, incómodo, sobre su caminador. En la mano un sobre cerrado con un billete de € 500 y el décimo de Carlos dentro.

– ¡Ahí está el chico! –grita de pronto Matilde. Son las 8:45h.

Se miran a los ojos y se saludan sin hablar. Una sensación extraña y agradable les invade a ambos, la comparten y lo saben. Los dos tiemblan. ¿Será el frío? Don Antonio se levanta de su caminador y muestra el sobre a Carlos. Carlos saca de su monedero el décimo. Lo muestra a don Antonio. El anciano se pone las gafas y lee cada una de sus cifras: ¡3, 4, 6, 1, 0! Se abrazan. No se conocen y se sienten tan bien juntos. Son amigos.

– Muchacho… ¿Nos conocemos de algo? Eres de Mallorca, ¿verdad? Pero no recuerdo bien quién eres. No importa porque yo siempre olvido las cosas, lo olvido todo.

– Bueno, todo, todo no… veo que recuerda usted muy bien cuál es su número –bromea Carlos.

---

1 **sobresaltarse** erschrecken – 7 **soplar** wehen, blasen – 10 **preocupado** besorgt – 11 un **caminador** Gehhilfe, Rollator – 12 un **sobre** (Brief)umschlag – 14 **de pronto** plötzlich – 16 **ambos** beide – 18 un **monedero** Geldbeutel, Portemonnaie – 20 **abrazar** umarmen – 26 **bromear** scherzen

Se ríen los dos, se abrazan de nuevo. Matilde observa la escena contenta y es testigo de esa extraña sintonía que se ha creado.

– Matilde, ¿me haces un favor? –dice don Antonio a la muchacha. –Hoy es un día muy importante en mi vida y tú eres la única persona que me cree –añade el anciano–. ¿Puedes dar a Carlos tu entrada del Teatro Real? Este mallorquín es especial, ver mi número entre sus dedos trae el punto de suerte que aún faltaba. Ahora entiendo todo lo que ha pasado. Sin duda, hoy es el gran día. Ahora ya todo es perfecto.

Matilde sonríe con complicidad a don Antonio, se acerca a Carlos y le dice:

–Ahora tú también sabes nuestro secreto, si hoy nos toca el Gordo, este será el último sorteo en vida de don Antonio, él está convencido de eso y yo lo creo. Carlos toma la entrada y lo entiende todo. Los tres se entristecen. Ante la situación, Carlos cambia hábilmente de tema con humor.

– ¿Mallorquín? Yo soy de un pueblo de Castilla, pero algún día iré a Mallorca y me compraré un chalet a mí mismo. –dice Carlos sonriendo mientras toma su entrada y el sobre, lo abre, toma los € 500 y su décimo y los mete en su cartera. El sobre está ahora vacío. Delante de don Antonio mete el décimo con el número 34610 dentro del sobre, lo cierra y lo coloca despacio entre las manos de don Antonio. Las manos del anciano tiemblan al tocar el sobre con su número mágico. Carlos rodea las manos temblorosas del anciano con las suyas y las presiona ligeramente durante unos segundos. Le transmite calor, armonía y paz. Los dedos de don Antonio ya no tiemblan. Sus manos sujetan el sobre con seguridad. Sus ojos brillan.

En el interior del Teatro Real las horas de esa mañana vuelan. Los premios van saliendo, pero el Gordo se hace esperar. En España la

2 un/a testigo Zeuge/in – 2 una sintonía *fig* Wellenlänge (= Harmonie) – 6 una entrada Eintrittskarte – 15 entristecerse traurig werden – 16 hábil geschickt – 19 sonriendo lächelnd – 21 vacío leer – 27 sujetar festhalten

mañana pasa tranquila y radios, televisores y redes sociales llevan la voz de los niños del colegio de San Ildefonso a todos lados. A las 12:15h el Gordo aún no ha salido. Carlos ve la hora, reacciona y se impacienta.

– Disculpe, don Antonio, tengo que irme, mi autobús sale a la 13h. Debo marcharme, en el pueblo me espera mi hijo.

– No, por favor. No me dejes, en cualquier momento va a ocurrir. Espera, por favor…

Carlos está confundido. Su autobús, su familia, su hijo… le esperan en el pueblo. Él está angustiado y cansado, no ha dormido en toda la noche. Además, aunque ahora él tiene € 500, regalos aún no tiene. ¿Qué hace él allí en ese elegante teatro con un viejo loco y desconocido? Se levanta y se va. Quiere tomar un taxi e ir directo a la estación de autobuses. No mira atrás, sabe que si lo hace regresará junto al anciano. Sale del teatro y corre hacia la parada de taxis.

Matilde lo ve salir, corre tras él y pregunta gritando –¿Qué ha ocurrido?, ¿adónde va usted?

Carlos se para pero no se gira, no quiere ver a Matilde y tira al suelo su entrada del Teatro Real. Ve pasar un taxi, corre hacia el vehículo y se sube.

– Rápido, rápido a la terminal de autobuses de Estación Sur.

CUESTIÓN DE SUERTE

Matilde recoge la entrada del suelo y entra en el Teatro Real, las voces de dos niñas cantan los números con naturalidad. ¿Estará bien don Antonio? Lo ve, sentado en el mismo asiento de cada año. Junto a él, el asiento vacío de Carlos. Matilde va hacia él, el

---

7 en cualquier momento jeden Moment – 8 ocurrir geschehen – 24 recoger aufheben – 26 un asiento Sitzplatz

personal del teatro la mira mal, algunos espectadores se quejan. Matilde camina segura y llega hasta el anciano, lo mira a los ojos y le acaricia la cara, está contenta de verlo bien, ya está tranquila. Antes de sentarse le da un beso en la frente y le toma la mano. En el momento que los labios de Matilde tocan la frente del anciano, ambos lo escuchan, la niña que canta los números premiados lo dice:

–34.610…

La otra niña, la que canta las cuantías, no sigue cantando con el ritmo habitual, sino que hace una pequeña pausa. Se crea un silencio tenso, corto y eterno al mismo tiempo. Matilde escucha la respiración de la niña y los latidos del corazón de don Antonio, pero la voz de la niña no se oye. Ni don Antonio ni ella se mueven, pasan décimas de segundo y por fin la voz de la niña se escucha de nuevo, suena nerviosa y cortada por la respiración, pero a pesar de todo, la niña canta el premio, y la sala y España entera escuchan:

– ¡¡¡4 milloooones de eeeeuros!!!

El ruido de la sala, los miembros del jurado, los gritos de los espectadores y la alegría de las niñas invaden el teatro y don Antonio, que nunca entiende ni recuerda nada, lo ve muy claro. Todo es parte del decorado de un teatro y la obra que está en escena es la de su vida.

– Matilde, Matilde… Se acaba la función. Estamos en un teatro y la obra termina. ¿Dónde está el muchacho de mi suerte?

– ¿El muchacho de su suerte?, pregunta Matilde llorando, al muchacho de su suerte no lo conozco, pero el muchacho de su desgracia, se ha ido en un taxi.

---

1 un/a **espectador/a** Zuschauer – 3 **acariciar** streicheln – 5 un **labio** Lippe – 9 una **cuantía** Wert, Höhe – 12 un **latido del corazón** Herzschlag – 13 **moverse (o-ue)** s. bewegen – 18 un **miembro** Mitglied – 23 una **función** Vorstellung (teatro) – 27 una **desgracia** Pech, Unglück

SEMÁFORO VERDE

En el pequeño supermercado de la estación de autobuses ya no queda turrón de Jijona y los juguetes son feos y de plástico barato. Carlos intenta comprar algo pero no encuentra nada. De pronto, escucha un gran barullo. Todo el mundo se acerca al televisor más próximo, él también lo hace. Acaba de salir el premio gordo: El número 34610. Son las 12:40h.

– ¡¡¡No puede ser!!!, ¡¡¡No puede ser!!! Maldito viejo loco… – grita Carlos. Yo, yo tenía ese décimo en mis manos esta mañana –les dice a todos–. La gente lo mira y piensa que está loco.

---

3 **feo** hässlich – 5 un **barullo** Krach, Lärm, Durcheinander – 8 **maldito** verdammt, verflucht

Su móvil se ilumina. Entra un mensaje de la madre de su hijo.

– ¡Eres el mejor padre del mundo! Ahora Carlitos sí tiene un futuro. Te esperamos.

– ¡¡¡No puede ser!!! Carlos empieza a llorar en medio del supermercado. Tira los juguetes al suelo, grita como un loco y arroja su móvil al suelo también, lo pisa y lo rompe. Se dirige a la dársena de su autobús, quiere salir de Madrid. Pero… ¿cómo va a mostrar su billete al conductor sin móvil? Carlos se queda frente al autobús y piensa un momento. Son las 12:57h.

Finalmente decide subir al vehículo y se identifica en la puerta con su carnet de identidad, explicándole al conductor que su móvil está roto y que no puede mostrarle el billete. El conductor ve que Carlos está en la lista de pasajeros y Carlos sube al autobús. Se sienta junto al pasillo, en segunda fila, allí está reservada su plaza. Piensa que bajará en Zamora, no quiere viajar hasta su pueblo, no quiere ver a nadie, bajará en Zamora y allí pasará la Navidad completamente solo. Dormirá en algún albergue o en la calle si es necesario.

El autobús se pone en marcha, sale de la dársena y va a salir de la estación. El semáforo se pone en rojo y el autobús para. Las puertas del autobús se abren de nuevo, "algún viajero que ha tenido suerte y gracias al semáforo en rojo tiene la oportunidad de subir en el último momento", piensan todos. Entonces Carlos la ve. Es ella. Matilde está subiendo al autobús. Carlos se seca las lágrimas para estar seguro de que realmente es cierto y lo es. La muchacha lleva un sobre en la mano. Carlos se levanta y va hacia ella, la puerta del autobús permanece abierta.

---

6 **arrojar** werfen – 6 **pisar** treten – 7 una **dársena** Steig (Busbahnhof, Hafen) – 10 un **vehículo** Fahrzeug – 11 un **carnet de identidad** Personalausweis – 14 un **pasillo** Gang – 14 una **fila** Reihe – 17 un **albergue** Herberge – 19 **ponerse en marcha** s. in Bewegung setzen – 24 una **lágrima** Träne – 27 **permanecer** bleiben

– Dice don Antonio que este sobre es para tu hijo. Lo que hay dentro del sobre es muy valioso, pero sin tiempo a él no le sirve para nada. Tú le has ayudado a ganarlo y esa ha sido su gran alegría. Ahora te toca a ti vivir la tuya.

El conductor protesta por la conversación, Matilde entrega el sobre a Carlos y baja rápidamente. El autobús cierra sus puertas. El semáforo está en verde.

---

2 **valioso** wertvoll

Abreviaturas y símbolos

adj	=	adjetivo
adv	=	adverbio
aquí:	=	señala un significado específico de la palabra en el contexto
coloq	=	coloquial
despec	=	despectivo (abwertend)
dim	=	diminutivo
Esp	=	peninsularismo, término o expresión del español de la Península Ibérica
etc	=	etcétera
etw	=	etwas
f	=	femenino
fig	=	lenguaje figurativo (im übertragenen Sinn)
INF	=	infinitivo
irón	=	irónico
jmd	=	jemand
loc	=	locución, giro idiomático
m	=	masculino
p ej	=	por ejemplo
pl	=	plural
s	=	singular
SUST	=	sustantivo
uc	=	una cosa, algo
up	=	una persona, alguien
vulg	=	expresión vulgar
≠	=	contrario de
→	=	remite a una palabra ya conocida